# Los gusanos de la seda

Anne Montgomery

Smithsonian

## Asesores

**Brian Mandell**
Especialista de programa
Smithsonian Science Education Center

**Amy Zoque**
Coordinadora y asesora didáctica de CTIM
Escuela Vineyard de CTIM
Distrito Escolar Ontario Montclair

### Créditos de publicación

Rachelle Cracchiolo, M.S.Ed., *Editora comercial*
Conni Medina, M.A.Ed., *Redactora jefa*
Diana Kenney, M.A.Ed., NBCT, *Realizadora de la serie*
Emily R. Smith, M.A.Ed., *Directora de contenido*
Véronique Bos, *Directora creativa*
Robin Erickson, *Directora de arte*
Michelle Jovin, M.A., *Editora asociada*
Caroline Gasca, M.S.Ed., *Editora superior*
Mindy Duits, *Diseñadora de la serie*
Lee Aucoin, *Diseñadora gráfica superior*
Walter Mladina, *Investigador de fotografía*
Smithsonian Science Education Center

**Créditos de imágenes:** pág.4, pág.23 Eye of Science/Science Source; pág.5 Fabio Pupin/FLPA/Science Source; pág.7 A. Syred/Science Source; pág.10 De Agostini Picture Library/Science Source; pág.17 Yoshikazu Tsuno/AFP/Getty Images; todas las demás imágenes cortesía de iStock y/o Shutterstock.

**Library of Congress Cataloging-in-Publication Data**

Names: Montgomery, Anne (Anne Diana), author.
Title: Los gusanos de la seda / Anne Montgomery, Smithsonian Institution.
Other titles: Raising silkworms. Spanish
Description: Huntington Beach, CA : Teacher Created Materials, [2020] | Audience: Grades K-1
Identifiers: LCCN 2019038410 (print) | LCCN 2019038411 (ebook) | ISBN 9780743925891 (paperback) | ISBN 9780743926041 (ebook)
Subjects: LCSH: Silkworms--Growth--Juvenile literature.
Classification: LCC SF542.5 .M6618 2020 (print) | LCC SF542.5 (ebook) | DDC 638/.2--dc23

Smithsonian



**Teacher Created Materials**

5301 Oceanus Drive
Huntington Beach, CA 92649-1030
www.tcmpub.com

**ISBN 978-0-7439-2589-1**

Printed in China
51497

# Contenido

# Un final triste y sedoso

Un gusano de la seda suelta un hilo desde su **hilera**. Poco a poco, se va envolviendo y formando un capullo.

Si vive, el gusano se convertirá en mariposa. Pero cuando un gusano se usa para hacer seda, no sobrevive.

# Ciclo de vida del gusano de la seda

# ¿Por qué la seda?

Las personas siempre han necesitado **telas**. Buscan telas que sean fuertes. Las quieren para abrigarse o para mantenerse frescas. Quieren que tengan buen movimiento. Y muchas personas quieren que sus telas sean hermosas.

tela de seda

Tecnología e ingeniería

## Tejidos

Muchos tipos de telas se tejen. *Tejer* es cruzar hilos entre sí. Cuando los hilos están bien entrecruzados, se crea una tela fuerte.

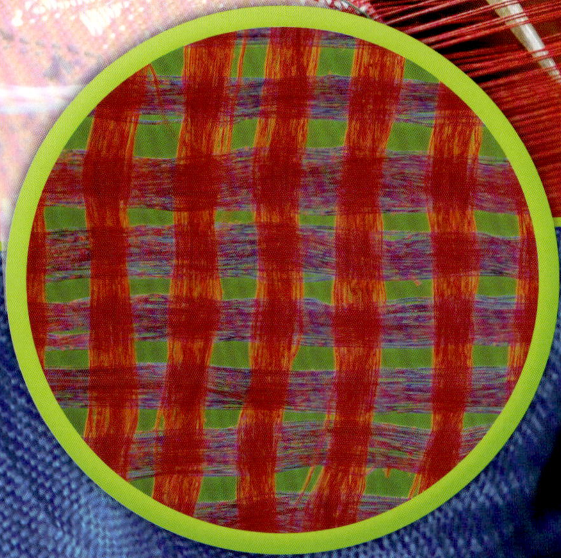

La seda es una tela que resuelve muchos problemas. Es fuerte. Puede darte abrigo o mantenerte fresco. Tiene buen movimiento. Y muchas personas creen que la seda es hermosa.

¡Pero hacer seda no es fácil!

camisa de seda

Una mujer mira distintas telas de seda.

# Cómo se hace la seda

Todo comienza con unos gusanos. Hace mucho las personas observaron que los hilos del capullo del gusano de la seda eran fuertes. Pero el gusano rompe el hilo cuando se convierte en mariposa. Para que no se dañe el hilo, el gusano no debe salir del capullo.

Este gusano de la seda se convierte en mariposa dentro de su capullo.

Una mariposa sale de su capullo.

Cuando el gusano muere, el capullo se puede **desenrollar**. El hilo largo que queda se usa para hacer la seda. El hilo se entrecruza con muchos otros hilos. Así se hacen las telas de seda.

Los capullos de los gusanos de la seda pueden ser amarillos o blancos. Por eso, los hilos de seda son amarillos o blancos.

Estos hilos se sacaron de capullos de gusanos de la seda.

Matemáticas

## Gusano pequeño, hilo grande

Un gusano de la seda se envuelve miles de veces para hacer el capullo. Usa un solo hilo largo. ¡El hilo de un solo capullo puede medir casi un kilómetro (media milla) de largo!

Se necesitan muchos gusanos para hacer seda. Pero no todas las mariposas mueren. Algunas sobreviven y ponen huevos. Así nacen más mariposas. Cuando las mariposas salen de su capullo, ponen cientos de huevos. Luego, dejan de comer y mueren poco después.

mariposa de la seda

Estas cestas están llenas de capullos de gusanos de la seda.

Los huevos de las mariposas deben mantenerse calentitos. Solo así pueden nacer las **larvas**. Cuando nacen, ¡las larvas no paran de comer! Su comida preferida son las hojas de morera.

Las larvas crecen y empiezan a tejer sus capullos. El ciclo de la seda comienza otra vez.

Unas larvas de gusanos de la seda comen hojas de morera.

## Ciencias y arte

# Seda luminosa

Unos científicos combinaron gusanos de la seda con medusas. ¡La tela que se obtiene con estos hilos brilla en la oscuridad!

# Vale la pena

Hacer seda no es fácil. Les lleva mucho trabajo a los gusanos, y también a las personas. Pero personas de todo el mundo quieren seda. ¡Deben pensar que todo este trabajo vale la pena!

Esta corbata es de seda.

La ropa de esta niña
está hecha de seda.

# DESAFÍO DE CTIAM

## El problema

¡Estás por ir de campamento! Tu tienda de campaña es genial, pero no hay ningún lugar donde colgar la linterna. Entreteje unas tiras de tela para crear un portalinterna. El portalinterna irá colgado del techo de la tienda.

## Los objetivos

- El portalinterna puede ser de cualquier material o tipo de hilo que puedas tejer.
- El portalinterna debe ser lo suficientemente grande y fuerte como para sostener una linterna.
- Se debe poder colgar el portalinterna del techo de la tienda.

## 1 Investiga y piensa ideas

¿Cómo vas a entrecruzar las tiras de tela? ¿Qué materiales se pueden tejer fácilmente y, a la vez, son lo suficientemente fuertes como para hacer una tela?

## 2 Diseña y construye

Dibuja tu plan. ¿Cómo funcionará? ¿Qué materiales usarás? ¡Construye tu modelo!

## 3 Prueba y mejora

Coloca una linterna en el portalinterna. ¿Tu portalinterna puede sostener la linterna durante cinco minutos sin romperse? ¿Puedes mejorarlo? Vuelve a intentarlo.

## 4 Reflexiona y comparte

¿Por qué las personas necesitan telas? ¿Hay formas más fáciles de hacer telas?

# Glosario

desenrollar

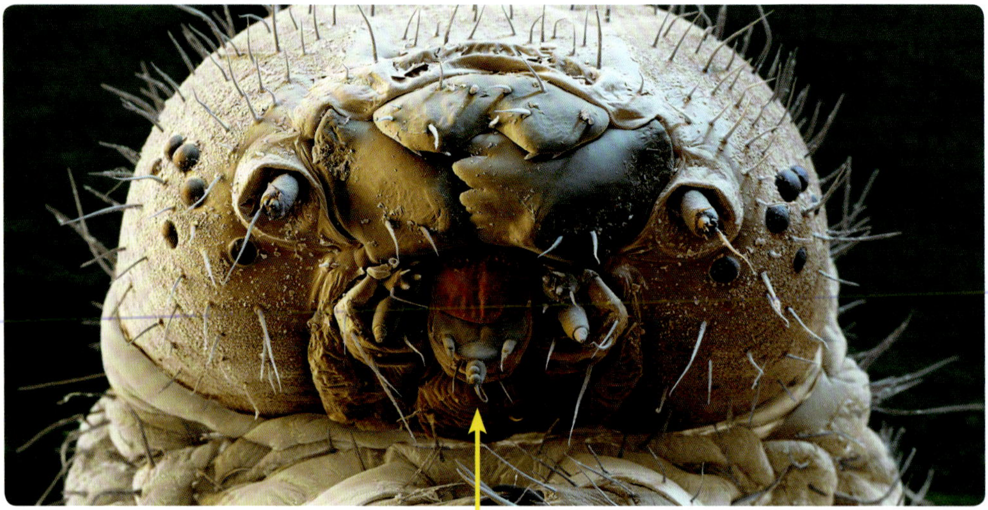

hilera

larvas

telas

# Consejos profesionales
## del Smithsonian

**¿Quieres estudiar los gusanos de la seda?**
Estos son algunos consejos para empezar.

"Si te encantan las historias, ¡no te pierdas la larguísima historia de la seda!". ***—Richard Kurin, erudito distinguido y embajador general del Smithsonian***

"¡Me encantan todos los animales desde que tengo memoria! Leí muchos libros sobre animales. Iba siempre al zoológico de mi ciudad y cuidaba siempre a mis mascotas. Cuidar animales es un trabajo importante". ***—Chris Crowe, cuidador de animales***